Karl Reuber

Gedanken über die neue Zeit

Karl Reuber

Gedanken über die neue Zeit

ISBN/EAN: 9783743499379

Hergestellt in Europa, USA, Kanada, Australien, Japan

Cover: Foto ©ninafisch / pixelio.de

Manufactured and distributed by brebook publishing software (www.brebook.com)

Karl Reuber

Gedanken über die neue Zeit

Gedanken

über

Die Neue Zeit,

gesammelt von

Karl Neuber.

Preis 75 Cents.

Pittsburg:

Gedruckt bei Urben & Bruder, 40½ Fünfte Avenue.
1872.

Vorwort.

Nachfolgende Produkte von Musestunden, d. h. nach 8 stündiger Arbeitszeit gesammelte Gedanken, welche ich wie der Titel des Büchleins andeutet, der „N e u e n Z e i t" widmete, unterbreite ich hiermit dem verehrlichen Leser zur gefälligen Beurtheilung.

Ich gestehe es offen, daß es mir nicht möglich gewesen wäre, bei 10 oder mehrstündiger, anstrengender, rauhen Arbeit in der Werkstelle, diese verschiedenen Versuche glücklich zu gestalten, wenn ich nicht seit mehreren Jahren mich mit Reparaturen von Möbel beschäftigte und dadurch die nöthige Ruhe und Muse mir errungen hätte.

Gerade hierdurch wurde es mir auch möglich der Aufgabe der Zeit, der Vereinigung a l l e r A r b e i t e r meine Thätigkeit zu widmen und zwar hauptsächlich in dem „Allgemeinen deutschen Arbeiter-Verein" von Pittsburg und Umgegend sowohl, dessen Mitgründer ich bin und als dessen fungirender Sekretär, ich während meines Amtes im Interesse des Vereins rastlos wirkte, als auch der Schreiner-Corporation von Pittsburg und Umgegend, wo ich ebenfalls, mehr denn zwei Jahre das Amt des Sekrtärs beständig, zur vollen Zufriedenheit der Corporation verwaltet habe.

Möchten daher diese Produkte von Musestunden mit dazu beitragen, a l l e A r b e i t e r zu überzeugen, daß die 8 stündige Arbeitszeit den Geist des Menschen hebt und denselben zu einem desto unermüdlicheren, begeisterten Kämpfer dieser Republik, von so großer Zukunft bildet, um dann eifriger, energischer das wahre Menschenthum zu erstreben!

Ich habe nur eine geringe Anzahl von Produkten dem geehrten Leser in diesem Büchlein unterbreitet, hoffe jedoch, wenn durch Verkauf derselben ermuthigt, die nächste Ausgabe zu vergrößern, mit dem Versuche, soviel in meinen Kräften steht, dieselben und neueren, möglichst zu verbessern und verschönern.

Mit herzlichem Gruße hochachtungsvoll Ihr

Karl Reuber.

P i t t s b u r g, im Juli, 1872.

Zur Präsidenten-Wahl 1868.

("New Yorker Abendzeitung", 6ten September, 1868.

Tief ergriffen von den Schmerzen
Einer alten Sühne Schuld,
Leiden jetzo alle Herzen,
Flehn empor zu Gottes Huld.

Willig, was hier schwer gefrevelt
Gegen Menschheit und Natur,
Jetzt zu tilgen und veredelt,
Wirken diesem Streben nur.

Doch der Kampf zu diesem Ziele
Heißt begeistert aufgestrebt
Ist das Ringen im Gefühle
Was dem Volksgeist neu belebt!

Weg Parteiung, Unrecht handeln!
Fluch der Lüge, hohlem Schein!
Wahre Bürger zeigt ihr Wandeln,
Denn sie meiden, was gemein.

Heil Dir Union, Weltbefreiung
Von der Vorsehung bestimmt;
Jedem Freien seine Hoffnung,
Die nur Wahrheit hier gewinnt.

Gingst Du kaum aus blut'gem Ringen
Deiner selbst im wilden Streit,
Willst Du nun durch Frieden bringen
Heil und Segen unsrer Zeit?

Nur die Ruh beginnt zu walten,
Wo gedämpft die Leidenschaft!
Selbstsucht! Sie wird einst erkalten;
Bildung bessere Menschen schafft.

Wenn ihr Starken sanft dem Schwachen
Hülfreich bietet eure Hand,
Ihn belehrt in wahren Sachen
Handelt ihr nur mit Verstand.

Denn Vernunft, nur sie ist Leben,
Weisheit führt zu besserem Sein.
Dummheit bringt verkehrtes Streben
Fort mit ihrem falschen Schein!

Auf nun, Bürger freier Sprache,
Die bewährt durch viele Kraft,
Daß der Freiheit heil'ge Sache
Nun zum Ziele wird gebracht.

Dies gelobt! Im Kampf der Wahlen
Für die Freiheit goldne Sonne,
Zeiget eures Geistes Strahlen,
Bringt der Freiheit Glück und Wonne.

Und ihr Jünger, die begeistert
Wahrer Sache euch ergebt,
Schaart zusammen, und beweistert,
Was von Selbstsucht in Euch lebt.

Grant und Colfax hohe Namen,
Glänzend in der Menschheit Licht,
Streuet ihr der Zukunft Saamen!!!
Kämpfet wo Corruption spricht!

Möchtet Ihr dies wohl erkennen,
Was der Wunsch der Gegenwart
Unser Volk wird es euch nennen,
Was es drücket schwer und hart.

Da ihr stets dafür gestritten,
Ruht des Volkes Aug' auf euch,
Seid die Kämpfer nun inmitten,
Euch sei jeder Bürger gleich!

So wird nahn die Freudenstunde,
Die der Menschheit Segen bringt;
Wo geheilet jede Wunde,
Höher dann der Geist sich schwingt! —

(Der Pittsburger „Freiheits Freund" 14ten September, 1869.)

„Nachstehendes Gedicht ist eine Stimme aus dem Volke, der poetische Erguß eines einfachen Arbeiters. Das Executiv-Comite für die Humboldt-Feier hat sich bewogen gefunden, das Gedicht in den Grundstein mit hinein zu legen, und da es somit zur Humboldt-Feier gehört, so mag es auch hier seinen Platz finden:"

Zu Alexander von Humboldt's hundertjährigem Geburtstage.

Humboldt! ja dein Nam' wird leben,
Wahrer Gottes Priester uns.
Große Werke, Dein! sie geben
Freiheit durch die Wissenschaft.

Aller großer Geister Streben
War das Ziel: Humanität,

Aus Vernunft die Wahrheit weben,
Deren Licht allein besteht.

Humboldt, Dir gebührt die Krone
Für Dein Ringen jeder Zeit.
Möcht' dein Geist in Allen wohnen
Der sie von dem Wahn befreit.

Kräfte ew'gen Geistes walten
Gottheit-Sein, im Welten All
Die Erkenntniß uns entfalten:
Mensch zu sein! in Gottes Hall'.

Herzen! die ihr stets verleugnet,
Was Verstand hat längst enthüllt;
Humboldt, Gottes Priester, zeiget
„Wahr" was Weltenräume füllt.

Zeiget Euch die Urkraft strebend,
Keinem Wechsel sich ergebend,
Einzig, ew'gen Stoff durchdringend
Dessen wahre Form erringend.

Möchte doch Dein Geistesblitzen
Klären aller Menschen Drang,
Um die Freiheit zu beschützen
Schmachtend in Despotenzwang.

Auf sich raffen, abzuschütteln
Aberglaubens Fesseln bald
Zeigt dein Kosmos uns die Mittel
Frei zu sein von der Gewalt.

Dieser Tag, wo du geboren,
Hundert Jahre sind es heut.

Schönste Feier uns erkoren
Jedes Herz es sei erfreut!

Tiefen Ernstes, Dank wir bringen
Wahrem Mann der Wissenschaft.
Ehrfurcht! vor des Geistes Ringen,
Der's verstand so einzudringen.

Statue, in Stein zu sehen,
Mit der Zeit vergänglich ist.
Diese mag der Sturm verwehen,
In der Zeiten langer Frist.

Sei im Herzen edler Menschen!
Welche Bildung machet frei
Daß sie dann dein Werk vollenden
Das, die neue Bibel sei!!

Der Zukunft Hoffen.
("Pittsburg Volksblatt", den 16ten November, 1869.)

Nach dem Westen! dort zu mehren
 Freiheitsgeist und deutsche Kraft,
Um dem Sklavensinn zu wehren,
 Der den Osten jetzt umnacht'.

Jugend jeder Klasse, höret,
 Kommet nah' und fern herbei!
Dort den großen Geist nichts störet;
 Durch sein Wirken ist er frei.

Große Städte, Armuth nährend,
 Strahlet ihr durch Euren Schein;

Blendend, Freie zu bethören,
  Wirket für ein bess'res Sein!

Und in Schlaf gesunkene Länder,
  Raffet Euch zum Leben auf!
Sprengt die Fesseln und die Bänder
  Durch's Gesetz der Freiheit,—auf!

Erst, wenn Freiheit sich verbindet
  Zu dem schönen, großen Ziel,
Dann, das wahre Leben findet,
  Wiederklang in Harmonie.

Und der Freiheit mächt'ge Waffen:
  Dampf, der Blitz und Druckerei,
Möcht't mit allen Kräften schaffen:
  Industrie! die Losung sei.

Ja, der Zukunft höchstes Schwingen
  Ist: „Vereinigt' Industrie!!"
Aller Völker höchstes Ringen
  Sei, der Menschheit Nutzen bringen.

Denn der blut'ge Ruhm erbleichet,
  Wenn der eit'le Wahn erlischt;
Und die Finsterniß, sie weichet
  Der Vernunft, die endlich spricht:

Das Gesetz, der Freiheit Walten,
  Sei der Menschheit höchstes Gut!
Thatenkraft soll sich entfalten,
  Schaffen Wahrheit, frischen Muth.

Luftschiff, Dampfroß, Geistesflügel,
  Träger dieser Zukunft Zeit

Ihr, der Menschheit Frühling neuernd!
  Deutsche Sprache künd' erfreut.

Allen Völkern dieser Erde,
  Daß der große Tag entsteht,
Wo durch Bildung—Freiheit werde,
  Die die Tyrannei verwehrt!"

Deutsche Sprache, deutsches Wissen,
  Ihr habt an der Zukunft Theil!
Geistes Klarheit Euch entfließen,
  Allen Menschen bringt Ihr Heil!—

Wenn nun Manche Elend presset,
  Hunger, Kummer, Zukunft Zeit,
Und an Körper, Geist verwesen
  Mögen rufen sie erfreut:

„„„Nach dem Westen!"""' dort zu mehren
  Freiheitsgeist und deutsche Kraft,
Um den Sklavensinn zu wehren,
  Der den Osten jetzt umnacht'!"""

Zum neuen Jahre 1870.
("Pittsburg Volksblatt".)

Neues Jahr mit Hoffen, Bangen
Sei gegrüßt aus voller Brust!
Freudig alle Herzen flammen
Weih'n sich diesem Tag mit Lust.

Dieser Tag im neuen Jahre
Hebt von neuem unsern Muth;

Alles Unglück Gott bewahre
Frischer rinne unser Blut.

Auch dir hingefloß'nem Alten
Sei dem Guten hier ein Wort;
„Alle Zeiten mög' es walten
Segen fördern, stetig fort!"

Dir gehören große Thaten!
Würdig noch der fernsten Zeit
Welche bergen deinen Schatten
Lob zu singen stets bereit.

Beſſ'res Sein und Leben bringend
Darfst Du rühmen Dich mit Recht;
Auf des Fortschritts Flügel schwingend
Ward in Dir die Zeit bewegt.

Daß die Menschheit würdig strebe;
„Sieg zu geben der Vernunft!
Mündig! sich der Mensch erhebe,
Frei, beglückt er vorwärts schwebe."

Deiner Tage schnelles Rinnen
Mahnt uns an: „Vergänglich sein."
Selbst die Erde zeigt von innen
Wie der Mensch so schwach und klein.

Zeigte wieder durch ihr Beben
Hoher Kräfte, höchste Macht:
„Tod beginnt wo jetzt noch Leben;
Leben, das der Tod anfacht."

Neues Jahr und neue Zeiten
Wie das Licht nach kalter Nacht.

Frische Winde weh'n und streiten
Völker träumend — sind erwacht.

Neue Zeit beginnt zu schütteln
Dürres, Altes fällt bald hin;
Wenn der Geist beginnt zu rütteln
Hebt sich frischer, neuer Sinn.

Neuer Tag, der Menschheit nahend
Kommt herbei, beglück' uns bald
Daß wir Wahrheit Licht empfahend
Brechen nieder die Gewalt!

„Dank!" dem Geber aller Gaben
Sei uns eine heil'ge Pflicht,
Alle, die wir uns jetzt laben,
Jedes Herz vergiß' es nicht.

Aller, die von uns geschieden,
Nach der Hoffnung: „Beff'rem Sein";
Denken wir stets hier hienieden,
Ihre Thaten — uns erfreu'n.

„Lasset uns nun Frieden haben!"
Uns'res Helden schönstes Wort,
Stetig uns am Rechten laben,
Liebend wirken weiter fort.

Gottheit! gebe deinen Segen
Auch für dieses neue Jahr.
Und vor Bösem allerwegen,
Fleh'n wir, uns davor bewahr.

Neues Jahr mit Hoffen, Bangen
Fließ wie klares Sonnenlicht;

Daß, wenn Du hinabgegangen
Man nur Gutes von Dir spricht! —

Turnerruf.
("Zukunft" Indianapolis, Indiana.)

Auf, Ihr Turner, zeiget Allen,
Daß Ihr wack're Brüder seid!
Laßt den Turnerruf erschallen,
Wie es ziemet dieser Zeit.

Daß mit kräft'gem, regem Schwingen
Hebe sich der Geist empor.
Frisch und frei, es wird gelingen:
„Wahrer Turner tritt hervor!"

Wenn des Körpers Kraft gestählet
Sich geschmeidig dehnen läßt,
Auch der frische Muth nicht fehlet,
Uns im Leben auch nicht verläßt.

In den Stürmen aller Zeiten
Turners Kraft und Geist erhebt:
„„Wahrheit Siege, tilgt die Leiden,
Kühn voraus er Allen schwebt!""

Wenn die Kraft entweicht Nationen,
Sinken sie in Barbarei;
Wahre Turner werden wohnen,
Sich beherrschend froh und frei!

Alle Turner sollen leben,
Ihnen sei ein Hoch gebracht,
Die das Wahre nur verweben
Und zerstör'n die Todesnacht.

Ruf zur Arbeiter-Vereinigung.
("Deutsche Arbeiter", Chicago.)

Nun, heran zum heil'gen Bunde,
Deren Herz für Freiheit glüht,
Die das Elend jede Stunde,
Jetzt zu tilgen sind bemüht!

Ueberall da herrschet Jammer,
Trotz des braven Mannes Schweiß;
Der Corruptheit schnödes Banner
Immerfort zu siegen weiß.

Das, durch Lug und Trug erhoben,
Menschen sich zu Sklaven macht;
Dessen Netz so fein gewoben
Bringet uns die Todesnacht.

Laßt uns sprengen diese Bänder:
Freier Männer hohe Kraft!
Fest vereint!! durch alle Länder,
Tönet dieser Ruf mit Macht.

Wollt ihr hungern, euch vernichten,
Da ihr duldet, was euch drückt? —
"Nein." — Nur Thaten sie errichten:
Beff'res Sein, das uns beglückt!

Drum heran mit heil'gem Streben,
Jugend, Alter, frisch! herbei!!
Nicht gesäumt, ein neues Leben
Stetig jetzt die Losung sei.

Laßt nicht wanken uns, noch zagen
Um der Menschheit hohes Gut,

Wollen Alles wir ja wagen
Und erkämpfen es mit Muth.

Fest vereint! so laßt uns wehren;
Jeder, sei ein wahrer Held.
Uns're Zahl, sie wird sich mehren,
„Alle!" sind dazu bestellt.

Freud'ges Hoffen, hohes Ringen,
Segen in dem Wirken schon;
Muth, Vertrau'n! es wird gelingen,
Uns're Freiheit ist der Lohn.

Reichet jetzt die Hand zum Bunde
Und verlieret keine Zeit.
Köstlich ist uns jede Stunde,
Daß getilgt wird unser Leid.

Zum Todtenfest 1871.
(„Deutsche Arbeiter" Chicago im Mai 1870 und „Freiheits Freund" Pittsburg 30. Mai 1871.)

„Opfer sind wir, die wir starben!
Sühne einer großen Schuld;
Menschenrecht wir kühn umwarben;
Denket unser, tilgt die Schuld!!

Wohl ist Vieles schon geschehen
Und ein beß'res Sein es kommt;
Doch, wenn Freiheit soll bestehen
Wachet stets—denn dies nur frommt!!—"

Aus den Gräbern unsrer Lieben
Dieser Mahnruf Allen klingt;

Pflicht ist es, die Freiheit leben,
Jedem, dem noch Leben winkt!

Unf're Braven, die gestorben
Um der Menschheit hohes Gut;
Die den ew'gen Ruhm erworben,
Uns beglückt durch ihren Muth.

Opfernd, hatten sie gegeben
Alles, selbst das Leben hin —
Während, noch im Tode weben
Ihre Thaten beff'ren Sinn!

Doch der schnöden Habsucht Ringen
Nicht vernichtend ist sie heut! —
Soll's der Freiheit nicht gelingen
Sie zu brechen mit der Zeit?

Dann muß Wahrheit sich entfalten,
Siegen, was das Dunkel flieht,
Neues Leben sich gestalten,
Das den wahren Menschen zieht!

Ja, der blut'gen Saat entsprossen,
Sei die beff're künft'ge Zeit,
Wenn von Freiheitslicht umflossen,
Jeder wirket hoch erfreut. —

An den Gräbern laßt uns schwören
Mit dem heiligsten Gefühl:
„Jeder soll dem Feinde wehren,
Der die Union brechen will!

Der die heil'gen Menschenrechte
Höhnend zu vernichten strebt;

Fluch! dem feigen Mammonsknechte,
Der die Todesnacht uns webt!!"

Aber freier Mann gedenke
Stets an diesen Augenblick —
Und ein guter Geist er lenke
Diese Sühn zur Menschheit Glück! —

Todte? Nein, lebendig lebet
Ihr in aller Herzen fort;
Euer Geist der uns umschwebet,
Ist der Freiheit treuester Hort!

Gruß zum Arbeiter-Feste.
("Deutsche Arbeiter" Chicago.)

Wieder ist ein Tag gekommen
Wo wir All' froh angeregt
Jeder rüstig, voller Wonne
Sich zum Festplatz hinbewegt.

Zu dem Friedensfest der Zeiten
Das nun All' so schön vereint,
Wo vergessen unsre Leiden
Schöner uns die Zukunft scheint.

Neu gestärkt dann weiter ringen,
Wollen wir mit frischem Muth;
Möge dies uns stets gelingen,
Durch vereinte Liebesgluth.

Neuer Geistesfrühling kommet
Jetzt mit aller Macht herbei;
Und der Geist des Friedens wohnet
Machet alle Menschen frei.

Ihrer, die dahin gegangen,
Kummervoll und Todesbleich
Die mit Sehnsucht und Verlangen
Kämpften für ein beßres Reich.

Das auf Erden jetzt entstehet,
Jesus Wort zur Wahrheit bringt;
Wo Gesetz aus Freiheit wehet,
Und Vernunft den Sieg erringt.

Diesen Edlen laßt uns bringen,
Mit dem freudigsten Gefühl;
Als Tribut soll's Ihnen klingen:
„Frisch und thätig zu dem Ziel!"

Daß wir alle hoch beglücket
Jeder wirket, der genießt,
Dies die wahre Menschheit schmücket
Der nur Edles dann entsprießt.

Alle welche Menschen lieben,
Denen noch das Herz erglüht;
Die mit reinen, keuschen Trieben
Sind für Aller Wohl bemüht.

Denen laßt ein Hoch uns bringen,
Alle sei'n mit uns vereint;
Soll das große Werk gelingen
Nun dann frisch und Keiner säum'! —

Weltengeist gib deinen Segen
Zu dem frohen Augenblick;
Führe stetig allerwegen
Diese Stund' zu uns'rem Glück.

Hohes Fest für alle Zeiten,
Sei der Menschheit Freudentag;
Wo befreit von allen Leiden
Jeglicher sich fühlen mag.

Zum Kampf der Deutschen.

("Philadelphia Arbeiter-Zeitung" 1870; Pittsburg "Freiheits Freund" 1871.
In's Englische übersetzt von Prof. Slack Davis und in der "Pittsburg Gazette" veröffentlicht, sowie von Herrn Knate in Musik gesetzt.)

Siegesklänge schall'n herüber,
Jubel tönet trotz dem Schmerz;
"Deutsches Land und deutsche Brüder
Seid gegrüßt! — aus vollem Herz! Hurrah!

Laßt uns dennoch fröhlich singen
Wenn auch Jammer uns erfüllt;
Allen Freien soll es klingen
Denen Muth im Busen quillt! — Hurrah!

Graußig Schlachten! jetzt für immer
Werde Dir ein End' bereit'
Hoher, wahrer Freiheitsschimmer
Komm! — und singe nun erfreut. Hurrah!

Bringe Licht und menschlich Regen
Wo noch eine Brust erglüht;
"Friede!"—Sei Du allerwegen,
Und die Todesnacht entflieht! — Hurrah!

Alle Völker sollen streben
Fest vereint im Friedens Bund —
Neues Leben soll sich heben
Zu beglücken jede Stund'! — Hurrah!

Freude, trotz des Jammers, findet
Dann in jedem Herzen Raum
Und der Kranz des Friedens bindet —
Menschen—die erwacht vom Traum!—Hurrah!

Friede.

(Meinem lieben Freunde Philipp Menges gewidmet. Gedruckt in der „Philadelphia Arbeiter-Zeitung", 1870. „Pittsburg Volksblatt", 1871, übersetzt in's Englische von Prof. Slack Davis, und 1871 in der „Pittsburg Gazette" veröffentlicht.)

Froh und mächtig in die Herzen
Dringt ein Wort mit Zaubermacht,
Heilet Leid und tilget Schmerzen
Mit der wahren Liebe Kraft:
 „Friede! Friede sei mit Allen,
 Die auf dieser Erde wallen!"

Völker, die im Wahn gerungen,
Zu vernichten sich gestrebt,
Sind durch Todesgrau'n bezwungen,
Friede sie auf's Neu umwebt:
 „Friede! Friede sei mit Allen,
 Die auf dieser Erde wallen!"

Alle Menschen jubelnd preisen
Dich als Krone ihres Sein,
Du, von Christus längst verheißen,
Werde Wahrheit, kehre ein:
 „Friede! Friede sei mit Allen,
 Die auf dieser Erde wallen!"

Brüder, weiht die heil'ge Stunde,
Die die Gottheit uns verleiht.

Fest vereint! Aus jedem Munde
Klinge fort für alle Zeit:
„Friede! Friede sei mit Allen,
Die auf dieser Erde wallen!"

Unserem vielgeliebten Freunde Pippus!!
(Gewidmet am 18ten Dezember 1870 von seinen Mitarbeitern.)

Edler Freund! nur wenig Zeilen
Liebend sagen sie es hier:
„Hohes Streben — doch nicht Weilen —
War vergönnt auf Erden Dir!"

In dem Blüthenkranz des Lebens
Sankst Du als ein Kämpfer hin;
Der um Wahrheit stets ergeben
Frei und offen trug den Sinn!

„Nimm als Lohn des Dichters Blumen
Dir gestreut auf Deinen Sarg;
Der gekämpft! — nicht überwunden —
Bürgertugend in sich barg!"

„Der im Bund' mit allen Freien
Ehrbar seine Pflichten erfüllt;
„Laßt Uns dies dem Freunde weihen
Den des Todes Nacht umhüllt!""

Dem Gesang=Verein „Harmonie".
(Pittsburg „Freiheits Freund" und „Volksblatt".)

Harmonie, Dein hohes Streben
Ziehet stets das Edle an —

Kühn und rüstig woll'n wir weben
Und zerstören falschen Wahn! —

Wo Gesang so schön vereinet,
Liebe waltet, froher Scherz —
Da die Sonn' der Freiheit scheinet
Und in Freude schwelgt das Herz.

Aber weil das Leben kündet
Sich durch Sorg' und Mühe an
Im Verein harmonisch findet
Schutz und Hülfe Jedermann.

D'rum Ihr Brüder laßt uns schwingen
Mit dem Flug des Geist's empor:
„Harmonie, Dir soll es klingen —
Tritt durch Brudersinn hervor!" —

Zur Friedensfeier!

(den braven Schreinern gewidmet, welche zur Friedensfeier ihr Möglichstes gethan haben. Pittsburger „Freiheits Freund".)

Hört vom Knüppel, den der Leppig,
Hat gemacht als Meisterstück —
Süß'gen Geist, so ganz behaglich,
Goß er Jedem in das G'nick! —

Und der Robert Jahn, der Feger,
Der ein Mann und Schreiner ist;
Dann der Gmeiner, auch der Hinger —
Euch kein Dank geworden ist.

Und ihr habt der Schreiner Fahne
Zu dem Friedensfest gemacht

— Dem Verdienste seine Krone,
Sie ist eine Zierd' und Pracht! —

Sie ist Mahnung für sie Alle,
Die so säum- und lässig sind —
Ihnen nun der Ruf erschalle:
„Kommet zu der Fahn' geschwind."

Tretet rasch in un'sre Reihen,
Schaart um alte Kämpfer Euch;
Jedermann wird es erfreuen —
Auf, Ihr Schreiner einigt Euch!!

Der Verein schon längst gegründet
Unsrer wackern Brüder werth —
Er von Neuem uns verbündet
Und die Liebesflamme nährt!

Fünfundvierzig Jahre sind es,
Daß der Männer hoch und hehr
Vierundzwanzig sich geeinigt,
Stets bereit zur Schutz und Wehr.

Ihnen jetzt „Hurrah!" erschalle,
Da als Helden sie gestrebt;
„Kommet, wirket, vorwärts walle
Jeder Schreiner neu belebt!!

Zur Einheit.

(„Deutsche Arbeiter" Chicago, 4ten Juli 1870. Gewidmet Herrn Slack Davis, Professor und Uebersetzer in's Englische von mehreren meiner Gedichte.)

Kommet Brüder und erhebet
Hochbegeistert einen Sang

Der ein jedes Herz belebet
Uns vereint durch seinen Klang.

Wahres Menschenthum, hohe Einheit
Unser Banner kündet's laut,
Freudig diesem Bunde weihet,
Brüder Euch, — nur ihm vertraut!! —

Ja, der wahren Einheit klinge
Kräftig, brausend der Gesang;
Hin zur Menschheit Höhe schwinge
Schön vereint, der Herzen Drang.

Mächtig dringt der Sang zum Herzen
Und besiegt den starren Sinn.
Weckt Gefühle, lindert Schmerzen,
Führet uns zum Schönen hin.

Drum, Ihr Brüder, laß't erklingen
Froh und frei aus voller Brust
Den Gesang, durch den wir schwingen
Uns empor in voller Lust.

Dann wird bald der Tag erstehen,
Der so lang als Traum gehegt.
Und der Geist der Liebe wehen,
Der uns All' zum Ziele trägt! —

Die „Neue Zeit."

(Den „Näh-Maschinen" gewidmet. Pittsburger „Freiheits Freund", den 26ten Februar, 1872.)

Zeiten kommen — Zeiten schwinden
Und die Menschheit schreitet fort! —

Kunst und Wissenschaft verbinden
Was da lebt an jedem Ort! —
Ja, durch mächtiges **Vereinen**
Kommt die „**Neue Zeit**" herbei! —"
Wo als Losung: „Weg mit Träumen
Jeder Mensch, er werde frei! —"
„Kommt und wirkt für die „Neue Zeit,
  Herzen Alle — seid bereit! —"

Wo der Völker höchstes Ringen
Nur der Menschheit Nutzen will
Industrie im höchsten Schwingen
Völker-Frieden — **Freiheit** bringt!
Ja! der Weltkampf dieser Zeiten
Industrie-Ausstellung heißt;
Aufgab' ist der Menschheit Leiden
Baldigst tilgen, hoch erfreut!!
  „Hebt empor durch Menschenliebe
  Freiheit — Frieden, hier hienieden!"—"

O, zu diesem schönsten Ringen
Alle Herzen seid's bereit,
Laßt uns höher, höher schwingen
Denn dies ist: „Die **Neue Zeit**!"
Wo Maschinen herrschend kämpfen,
Wo die Wissenschaft gebiet';
Wo die Leidenschaft zu dämpfen
Edle Menschen sind bemüht! —
  „Arbeit! nur allein bringt Segen
  Und die Maschin' hilft allerwegen! —

Wo Reform mit Macht einschreitet
Da wo Mammon herrschend spricht!

Wo Menschenlieb' das Herz erweitert
Und Republik die Freiheit flicht.
Ja! — auf der ganzen weiten Erde;
Freiheit, Frieden ist das Ziel —.
Alle Völker einstens werden
Streben nur nach diesem Ziel!! —
„Wo Reform nicht wird gechret
Wird das Elend nur vermehret!! —

Und der Wohlstand: Bürger Streben;
In der materiellen Zeit;
Reizet nur zu neuem Leben
Kühn zu wirken, hoch erfreut.
Allen Menschen gleiche Rechte!
Wo noch jetzt der Vorrang gilt —
Wahrheit sei's dem Mensch'geschlechte,
Das für Schein ist jetzt erfüllt! —
„Elend drückt die Menschen nieder
Freiheit, Wohlstand hebt sie wieder!"

Neues Leben, neue Zeiten
Wo das Wissen, Menschen ehrt;
Und durch sein allmächt'ges Streiten
Die Vernunft: „das Dunkel klärt!—"
Näh-Maschinen! "Armuth wehren,
Durch den Genius neuer Zeit
Stetig Wohlstand, Segen mehren,
Schönheit pflegen, Pflicht bereit! —
„Näh-Maschin'! Du tilgest Leiden
Bist ein Zeichen dieser Zeiten! —

Nadeln nähen — Nadeln zünden! —
Nadeln kämpfen, hoch mit Macht!!

Die zum nähen — M e n s ch e n b i n d e n —
Die zum z ü n d e n — Elend schafft!! —
Diese wirkt den F r i e d e n heiter
Jene, ist der Menschheit F l u ch !
D i e s e, bringt die Menschheit weiter
Beide sind geehrt genug!! —
    „Zündnadel! Du sollst auf Erden
    Bald entbehrlich, gänzlich werden! —"

Denn, wenn wahre Menschen streben,
Wird die „Zündnadel" v e r b a n n t!
Wenn die Freiheit wird sich heben —
„Ruhm der Andern zuerkannt"!! —
— Sklavenreiche sinken nieder
Mammonsknechte sterben hin ; —
N ä h - M a s ch i n'!! Dir sing ich Lieder
Stets mit freiem, frohen Sinn!
    „Freiheit! willst Du denn verzagen
    Auf! denn es beginnt zu tagen!!"

Dem Bier der Siedle'schen Brauerei gewidmet.
(„Pittsburger Volksblatt.")

Wohl ist Wein ein Trank der Freien,
Doch das Bier ist's eben auch;
Freudig wir Catawba weihen
Feines Bier — wie es der Brauch.

Gutes Bier es nährt die Geister
Wenn von Hopfen, Malz gemacht
Bringet Ehr' dem Brauermeister
Da es Jedermann gibt Kraft. —

Denn wer schwer und hart muß ringen
Schwitzen gar bei Tag und Nacht
Der kann nicht begeistert singen:
„Hört! Das Wasser gibt mir Kraft!"

Der soll mit dem Bier sich laben
Wie Herr S i e d l e schenkt es ein,
Dann kann er zur Arbeit traben
Wie ein Held, hübsch eifrig sein.

Kann das hobeln, feilen loben,
Rüstig wirken stets erfreut;
Und sein Geist, er wird gehoben
Da er kräftig jederzeit.

Alle Wassersimpel denken
„Seht einmal, was der hat Kraft!"
Und sie sachte „Vorwärts" lenken
Da die Kraft — das Große schafft. —

— Freunde wirket — Euch zu nähren,
Wer am längsten lebt, erbt All'
Temperenzler niemals nehmen
Unser Recht in diesem Fall.

Denn die Herrscherin der Zeiten
Ist „C h e m i e," die Dunkel klärt!
Ja, sie tilgt der Völker Leiden
Guten Wein und Bier sie ehrt.

Darum trinket immer heiter,
Trinket wie's von jeher Brauch;
Denn die Menschheit schreitet weiter
Unser Heiland trank ja auch! —

Trank den Wein, die Gottesgabe
Freute sich so wie auch wir;
Reiner Wein war, was ihn labte,
Niemals sprach er gegen Bier.

— Wo sind Denker — sind die Freien
Großherzig, kühn und wahr;
Die vor Wein und Bier sich scheuen,
Wasser heulen offenbar?? —

Aber Brauer! laßt Euch sagen,
Braut das Bier, wie es muß sein;
Dann verschwinden alle Klagen
Jedermann preißt Bier und Wein!

Der Freiheit Zukunft Stätte.

("Pittsburger Republikaner", den 22. Februar, 1872. In's Englische übersetzt von Prof. Slack Davis, und im "Pittsburg Chronicle", den 15. April, 1872, veröffentlicht.)

Nennt mir ein glücklich Fleckchen Erde
Das noch der Zukunft Hoffnung trägt;
Wo Friede, Freiheit heimisch werde
Wo Bürgertugend jeder pflegt,,
Und alle Frei'n mit Kraft vereinet
Nur menschlich Wirken hoch erfreut!
Wo lieblich stets die Sonne scheinet
Mit Wärm' die Lebenskraft erneut!
 "Ja, lieblich uns das Leben einet
 Und Freud' sich jeden Tag erneut!

Nennt mir den Staat, die Stadt der Freien
So jugendlich, so schön und hold
Wo Größe ist zu prophezeien

Und Liebe diese Zeilen zollt! —
Wo an den Wein bepflanzten Bergen
Die Wasser schlingen ihren Lauf,
Und Segen, Freude stetig herrschen,
Wo Arbeit hebt den Mensch' hinauf! —
  „Die Freiheit waltet stets auf Bergen,
    Der Frieden schließt den Himmel auf."

Dort ist's, wo fleiß'ge Menschen weben
Der freien Menschheit schönstes Band,
Es ist, wo sanfte Lüfte wehen
Und Sorg' und Schmerzen sind verbannt. —
Auf freien Strom die Schiffe tragen
Mit Pracht und Lust der Bürger Macht;
Der Dampfroß' Ziel: „Franzisko" sagen
Und Muth und Energie stets lacht!! —
  „Dort wird wie freie Männer sagen,
    Der Bürger Heimath jetzt gemacht!"

Drum höre Fremdling, freiheitsdürstig,
In diesen Bergen Schätze sind;
O, eile, walle, wirke rüstig,
Damit dein Fleiß sie bald gewinnt.
Das Eisen, Holz, die Früchte alle,
Die Kohle, unser Diamant —
Noch Vieles ruht in Berges Hallen,
Deß Reichthum ist noch unbekannt. —
  „Befreiet seien die Menschen Alle,
    Ist Freier Losung dort bekannt!" —

Ja, dort, wo Sang die Menschen bindet
Und Musik: „Harmonie" uns bringt,

Der Haß und Neid durch Arbeit schwindet.
Die zu der Menschheit Höh' uns schwingt!—
Gedrückte, Arme, wie Ihr heißet,
O, hört des Friedens Ruf doch bald;
Brechet Tyrannen Joch und preißet
Der Menschheit Frühling, daß es schallt:
„Ja kommet nah und fern und preißet
Frohe Berge, Thäler, daß es hallt!!

O, „**Parkersburg!**" Natur sie wandte
Dir viele Reize, Schätze zu,
Der edlen Männer viel, entbrannte
Dein schönes Heim mit Lieb dir zu:
O, binde, binde alle mächtig,
Eh' nicht der Augenblick entweicht —
O, rufe Helden, heb' dich kräftig,
Bis du als Vorbild „Rom" erreicht.
„Ja Bürger, wirket alle mächtig
Daß Todesnacht jetzt bald entweicht!"

Dann wird es Freude, Lust zu wallen,
Nach West-Virginien, diesem Staat
Und Parkersburg, als **Burg** erschallen
Für Republik, die stets gewahrt,
Geschützt durch treue, brave Herzen,
Bereit für Freiheit, Menschheit — Tod!
Zu dulden auch die größten Schmerzen
Vereinet fest in jeder Noth.
„O höret, kommet alle Herzen,
Hier hat ein jeder ja sein Brod!"

Ja, alles Große kommt dann wieder,
Wenn Kunst und Wissenschaft gebiet'—

Die Fürstenreiche sinken nieder,
Wenn für die Freiheit Jeder glüht!! —
Und diese hohe, hehre Stätte
Der Freiheit „Bollwerk" soll es sein!
Auf! „Parkersburg", ring um die Wette,
Die frei'ste, schönste Stadt zu sein! —
„Ihr Menschenfreunde aller Städte,
Wirkt all' erfreut zum neuen Heim!!" —

Pittsburg und Umgegend.
(„Pittsburger Republikaner", im April, 1872.)

Wo der Monongahela windet
Sich entlang der Berge hin,
Wo das Dampfroß lärmend kündet
I n d u s t r i e im hohen Sinn;
Wo der Allegheny bindet
Sich mit diesem schönen Fluß
Zum Ohio-Strom — man findet
Dort romantischen Genuß!
„Kommt und seh't — Ihr staunet All',
Reizend ist's da überall!"

Wo die Rebe wird beleben,
Bekränzen diese Berge hier;
Wo des Dichters Sang wird weben
Dieser Schönheit hohe Zier! —
„M e n s c h e n l e b e n zu entfalten" —
Wo die Selbstsucht jetzt gebeut;
Freiheit, Frieden zu gestalten,
Wo noch herrschet manches Leid!! —

„Schein und Selbstsucht sei verbannt
Wahres Menschenthum wird verkannt!"

Geister drückt der Nebel nieder
Und der Rauch beengt den Sinn! —
„Menschen!" die voll Freiheit, bieder
Wirken — bringt noch kein Gewinn! —
Dem Idol der Zeit zu fröhnen
Kennt man nur i h r kräftig Wort —
Um die Menschheit zu versöhnen,
Heißt es r i n g e n stetig fort!!
   „Doch auch hier man jetzt sich hebt —
   E d l e s w i r k e n — wird erstrebt!

Ja, in wenigen Decennien
Ward hier eine Burg erricht';
„„„P i t t s b u r g!"""—ehe viel' Jahre rinnen,
Deine Größe h e r r s c h e n d spricht!
Gibt ein Merkmal in den Zeiten
Durch den Kampf von Industrie —
Auf!! dem Starken ist die Leiter
Nie zu hoch: „E r k l i m m e s i e!"
   „Helden alle, aufgewacht!!
   Kommt und wirkt mit voller Kraft!"

Ringe mit den Städten alle,
Ring, erring den E h r e n - P r e i s —
Streb' zu sein die schönste Halle
Deine Bürger krön' ihr Fleiß!
Daß sie jubelnd sich aufraffen
Und für die Freiheit opfern hin
— Aus dem Nebel bald erwachen

Wahrheits Streiter hohen Sinn's
„Burg für Freiheit! sei dein Ziel,
Arbeit hoch! Dieß sei dein Will'!"—

Deine Diamanten haben
Werth wie Gold in alter Zeit!
— Da sie Arm', wie Reiche laben
Sind sie Segen weit und breit!
Hingefallen und vergessen
Sei'st du Goldeswahn nunmehr,
Du bist Freiheit Scherg gewesen
Von der ält'sten Zeit bis her!
„Bürger hier, wie weit und breit,
Wirkt für dieses Ziel erfreut!"

Dann wird bald ein Sang erklingen
Der belebet jedes Herz
Wird durch alle Länder dringen
„„„Auf nach Pittsburg! schnell vorwärts!!""
Auf, jetzt in das Land der Freien,
Wo Arbeit Allen Segen bringt,
Laßt uns diesem Streben weihen,
Dort wo Freud' und Frieden winkt!
„Kommt! ja kommet all' erfreut,
Arbeit giebt's hier jeder Zeit!"

Und wo Menschen sich vereinen
Zu dem schönen Bruderbund,
Wird man Liebeszähren weinen,
Segen stetig jede Stund'!
Musik! wird harmonisch binden
Was da liebet — was lebt —

Ferne Zeiten werden künden,
Was die Freien hier erstrebt!!
„„„Pittsburg! Diamanten reich —
Keine Stadt, sie sei Dir gleich?!""""

Völkerwanderungs-Lied zur Freiheit Heimath.
(Gewidmet J. H. Diss Debar, Esquire.)

Auf und hin
Froher Sinn
In das Land der Freien! —
Hört es schallt
Echo hallt
Daß wir sollen weihen:
Gut und Blut
Hohen Muth's
Für ein beff'res Leben
Freies Land
All bekannt
Wirst uns dieses geben! —
„Ja nur rüstig und nicht verzagt
Kommt und wirkt, die Ihr seid geplagt! —

Seid bereit
Jeder Zeit:
Zu des Bürgers Pflichten
Frei und kühn
Hohen Sinn
Wird das Dunkel lichten! —
Hört Hurrah
Amerika
Losungswort der Zeiten,

Nah und fern
Hört es gern!
Eilet hin mit Freuden! —
„Auf! wer zu leben hat den Muth
Gibt für die Freiheit Gut und Blut!"

Arbeit frei!
Menschlich sei'n
Alle hier auf Erden
Kommt und strebt
Wirkt und webt
Daß dies wahr soll werden.
Denkt und lebt!
Menschen hebt —
All'! vereint den Frieden
Wahn bewegt —
Doch er rächt
Stetig sich hinieden!
„Wo Republik die Freiheit webt —
Dorthin eilet erfreut und lebt!"

„H a r m o n i e !"
Walte sie
Menschenlieb' bei Allen!
Deutschthum sei
Edel, frei!
Stets der Sang soll schallen
Freiheit Hort
Eilet fort!
In das Land der Freien
A m e r i k a !
Mit Hurrah

Wollen wir sich weihen!
„Gedrückte, Arme hocherfreut —
Seid All' willkommen jederzeit!!"

Unserer inniggeliebten Mutter von ihren trauernden Kindern in Amerika.

O, wie schmerzlich ist zu fühlen:
„Kindlich nicht die Pflicht erfüllt
Um in Wehmuth sich zu hüllen —
Da das Herz nun doppelt fühlt!
Wenn die Mutter weggeschieden
Fern, ja fern! von uns getrennt —
Wenn sie ist im ew'gen Frieden
Sich so oft nach uns gesehnt! —
„Mutter, liebe Mutter stetig
Immer denken wir an Dich!!"

Mutter! einst mein erstes Lallen
Welche Freude war's für Dich
Und wie viele große Qualen
Duldedest Du nicht um mich? —
Kummer, Jammer war dein Leben
Wenig Freuden gab es Dir;
Nur in edlem heil'gem Streben
Nimmer müde für und für! —
„Mutter! Mutter!! diese Zeilen
Niemals deine Schmerzen heilen!"—

Welche Lehren, welches Mahnen
Gabst Du uns zu jeder Zeit
Du führt'st uns in gute Bahnen
Daß wir „M e n s c h!" zu sein bereit.—

Nun bist Du von uns geschieden
Gute, beste Mutter stets —
Doch Du leb'st bei uns hinieden
In den Herzen immer, stets.
„Mutter! Mutter!! ja dein Namen
Stetig streut er guten Saamen!"—

Deine Liebe, Deine Schmerzen
Groß und duldend jeder Zeit!
Ja! in Deinem edlem Herzen
Gutes wirken war Dir Freud'! —
Doch wir können Dir nicht geben
Was Du Gut's an uns gethan
Darum sei das höchste Streben
„M e n s c h z u s e i n!" zerstören Wahn! —
„Mutter! stetig hier auf Erden
Woll'n wir besser, edler werden!"—

Mutter! ja wir wollen zahlen
An die Menschheit uns're Schuld
Sollten's sein die größten Qualen —
Denn nur Liebe tilgt die Schuld! —
Ja! wir wollen ringen, streben
Um der Menschheit höchstes Gut
Freudig geben unser Leben —
G o t t h e i t! stärke unsren Muth!!
„Mutter! Mutter! ausgeweinet
Hast Du — doch wir sind vereinet!"—

Dem Volksstaat.
(Gewidmet am 12ten September, 1871, bem Social-Politischen Arbeiter-Verein von Chicago.)

Wenn laut der Menschheit Schergen jubeln
Und Freiheit uns ein Traum nur ist.—

Wenn Frieden nur ein Prahlen, Hoffen
Für Menschen hier geworden ist —
Wenn stets der Geldsack Recht erdrückend
Voll Lug als Vampir Alles frißt;
Wenn gar die Habsucht Brüder mordend
Im Eifer Menschlich sein vergißt!! —

Und Schreibersknechte frevelnd mehren
Das Uebel und den Volksverrath! —
Voll Lug! — dem Elend niemals wehren
Noch lästernd, preißen feige That. ——
Da sollen nicht die Zeit verträumen
Der Freiheit Jünger kampfbereit
Dann sollen fester sich vereinen
Der Wahrheit Freunde weit und breit! —

Des Lichtes Klarheit soll'n sie tragen
Entflammend edler Menschen Herz;
Um muthig Alles stets zu wagen
Den Tod verachtend und den Schmerz!
Und jubelnd soll ein Sang erklingen
Der Freien „Hohe Wacht und Wehr!!"
Wo die Gedrückten klagend ringen
Vereinet — brausend wie ein Meer! —

Der wie ein Siegessang ertönet
Zermalmend kühn der Dränger Macht!
Als Geistes Waff' den Muth erhebet
Und stetig neue Helden schafft
Die unser Banner hoch erheben
Das rufet: „Denket Eurer Pflicht!"
Der Brüder Geister uns umschweben
„Gedenkt!" vergeßt der Brüder nicht!! —

Holzarbeiter-Lied.
(Den Vereinigten Tischlern von New York „gewidmet", am 4. Dezember, 1871.

Schreiner auf laßt uns verkünden:
Daß ein neuer Tag ersteht;
Unser Banner soll verbinden
Was zur Eintracht ist bestrebt.
Möge rasch es uns vereinen
Zu dem schönen Bruderbund
Laßt uns nicht die Zeit verträumen
Köstlich sei uns jede Stund'! —

Höher schwinge sich das Regen
Aller Schreiner, die erfreut
Sich mit Muth vorausbewegen,
Jedem — in der großen Zeit.
Die mit Zuversicht ermessen
Hoher Einheit große Macht!
Jeder Träumer sei vergessen —
Ihn umhüllet Todesnacht.

Wer mit eifrigem Verlangen
Für die Wahrheit ist bestrebt,
Wer ohn' Furcht und feiges Bangen
Um der Menschheit Recht einsteht,
Wer den Tod kann jubelnd preisen
Für die Menschheit lebt und stirbt —
Der soll unser Bruder heißen
Ew'gen Ruhm er sich erwirbt! —

Unser Banner mahne Alle
Die zu kämpfen sind bereit:
„F e s t v e r e i n ' t!" ein Sang erschalle

Der uns bindet jeder Zeit! —
Der erschallt wie Sturmes Dräuen
Mächtig! stets Begeisterung schafft
Die Gedrückten zu erfreuen
Waffnend mit der Einheit Kraft!

Dann wird allerwärts ein Regen
Das wie Feuer um sich greift;
Uns gehört der Zukunft Segen
Und die Todesnacht entweicht. —
„Wahres Mensch'thum! nach ihm ringen
Auf ihr Schreiner, seid's bereit
Laßt uns höher, höher schwingen
Jugend, Alter wirkt erfreut!!" —

Musik und Gesang.
(Im Dezember, 1871.)

„Musik! wie tön'st Du so süß und heiter
Du zauberst aus reine Harmonie!
Gefangen die Seel durch dich eilt weiter
Und schmelzet hin mit freudigem Sinn!" —

Ja sanft! hebst Du empor die Geister
Und trägst sie zu den schönsten Höh'n
Wenn durch die kunstgeübten Meister
Des Himmels Laute zu uns weh'n!

Denn keine Sprache ist so kräftig
Und keine Macht ist so geschwind —
Wie Musik und Gesang beweglich,
Daß sie die Herzen gleich gewinnt! —

Um alle Geister zu vereinen
Ist Liebe stets das stärkste Band
In Musik sie sich selig träumen
Versetzt in jenes Wunderland!

Um dann auf Erden zu gestalten
Was hohes stets die Seele hebt
Durch Gutes wirken, Edles walten
Der Grazien Macht, der Mensch erst lebt!!

Denn aller Geister höchstes Streben
Gilt stets dem Feuergeist des Licht!
Musik führt zum beß'ren Leben
Und im Gesang die Seele spricht!

Drum möge mächtiger verbinden
Zu Harmonie in stet'ger Lust;
Gesang, Musik und stets verkünden
Was Edles lebt in Menschen Brust.

Und dann in fernen, beß'ren Zeiten
Wird noch gepriesen jene M a c h t
Die nicht durch wildes, blut'ges Streiten
Das M enschenthum zum Sieg gebracht!

Die zu des Friedens höchstem Walten
Verliehen hat den reinsten Schein;
Wo Lieb und Leben sich entfalten,
Gelenkt in ird'schen Himmel ein! —

Catawba Wein-Lied.
(Herrn Geo. H. Bennet in Pittsburg „gewidmet", im Dezember, 1871.)

Herbei ihr fröhlichen Zecher
Schenket ein — Catawba Wein!

Trank der Freien — leert die Becher
„Auf der Menschheit Wohl!" stimmt ein.

Jede Republik soll leben
Auch die Wassertümpel drinn
Doch die hünd'schen Fürst-Anbeter
Treff' Verachtung! wo sie sind!!

Und auch alle feigen Knechte
Die ihr Mammonsopfer seid
Bessert Euch! zum Mensch'geschlechte
Kehrt zurück, seid es bereit.

Jedem Bürger, der ein Freier
Sei sodann ein Glas gebracht;
Der mit der Begeisterung Feuer
Lieb' zu Menschen stets anfacht!

Trinket zu! mit heil'gem Beben
Bringt es allen Edlen dar
Die geopfert hin ihr Leben
Muthig rangen, kühn und wahr!

Wahrheit Freunde! hebt den Becher
Hin zum Lichte! — trinkt ihn aus
Hört! verachtet sei der Zecher
Der nicht baut am freien Haus!

Der genießt das Gold der Reben
Und nicht dankbar wirkt erfreut
Um ein edles, bess'res Leben
Das — der Republik geweiht.

Brüder! — nun noch einmal trinket
Bringt es dar dem Geist der Welt

Der durch Lieb' uns stetig bindet
Dem das fröhlich sein gefällt!

Laßt uns stets Catawba loben
Der das Leben gießet ein;
Um gestärkt, beglückt, erhoben
Träumen uns im Himmel ein!!

Mit der Feuerkraft zu leben
Für das wahre Menschenthum
„Freiheit, Frieden! hier erstreben
Dies sei unser höchster Ruhm!"—

Arbeiter Bundes=Lied.
(Meinem Freunde A. N. Knott „gewidmet.")

    Brüder auf heran
    Brecht der Freiheit Bahn;
    Die mit Lust ihr strebt',
    Kühn das Banner hebt'!
    Ueberall vereint
    Rasch und nicht geträumt
    Fest! ja fest vereint
    Keine Zeit versäumt —
    Ja! nur nicht gesäumt
    Keine Zeit verträumt! —

Hört das Banner! ihm zu weihen
    Alle Herzen seid's bereit;
Laßt uns jetzt vom Wahn befreien
    Hört es All', und wirkt erfreut.
Einig! einig! soll erklingen
    Stets beleben jede Brust!

Alle Menschen sollen schlingen
　　Dieses Band in höchster Lust.
„Ja, durch alle Länder dringe
　　Dieser Sang in jede Brust!"—

　　　Mit der Liebe Kraft
　　　Zu der Einheit Macht
　　　Wer klar denkt, er lebt
　　　Wer ein Mensch, der strebt
　　　Um der Menschheit Gut
　　　Gibt er hin sein Blut
　　　Und der Freiheit Ziel
　　　Ist sein fester Will'—
　　　Ja, sein fester Will'
　　　Gilt der Freiheit Ziel!—

Hört des Himmels Laute klingen
　　„Frieden!" schallts an jedem Ort
Arbeit! sie schafft das Gelingen
　　Freiheit ist das schöne Wort.
Und um Freiheit zu gestalten
　　Alle Herzen wirkt erfreut!
Menschenliebe zu entfalten
　　Ist das edle Ziel der Zeit;—
Ja, die Freiheit zu gestalten
　　Ist das hohe Ziel der Zeit!—

Den Helden der Arbeit in New York gewidmet!
(Philadelphia „Tischler-Zeitung", 4ten Juni, 1872.)

Hurrah!! Ein Sieg ist errungen —
Neu belebt ist jedes Herz;

Einig Handeln hat's erzwungen
Was das Recht ist allerwärts!

Acht Stund' Arbeit!! ruft das Banner
Ist das Losungswort und Ziel!
„Hört es All'!" ihr Schwester, Brüder,
Freiheit, Frieden sei der Will'!

New York's Kampfgenossen leben
Stetig in der Menschheit fort —
Für ein menschlich „Sein!" sie streben,
Segen bringt's an jedem Ort!!

Ja! der Helden hohes Ringen
Lohnt der Sang und Ruhmes Preis!
Sagt, wer kann den Mensch bezwingen,
Der für Freiheit glühet heiß? —

Wer? — der Einheit Macht verkennen
Die harmonisch Frieden webt —
Sind das Menschen, die da wähnen,
Und für Mammon nur bestrebt? —

Sagt, wer sind die Edlen, Braven,
Die erhebt ein großes Herz!
Sind befreit schon alle Sklaven,
Ist die Freiheit allerwärts?? —

Ist nicht Republik ein Prahlen,
Wenn nicht herrschet gleiches Recht,
Wird nicht durch den Schein von Wahlen
Sie zum Untergang bewegt?

Darum auf! vereint ihr Freien,
Denen noch das Herz erglüht,

Laßt der Freiheit uns jetzt weihen,
Acht Stund' Arbeit!! seid's bemüht.

Wenn erst Wahrheit dieses Streben,
Menschlicher der Mensch dann wird;
Wenn erfreut ein neues Leben
Sich um Frieden stets bewirbt.

Dann wird man die Helden preisen,
Deren Thaten Beispiel sind —
Volkesmänner! sie dann heißen
Und ihr Ruhm, er lebt im Lied!

Den Banner'schen Näh-Maschinen.
(Meiner Freunde Bryant und McGaw, Pittsburg, gewidmet.)

Wer das Gute wünscht zu hören
Wer stets liebt reellen Preis —
Wer den Wohlstand will vermehren
Wer sich redlich nährt durch Fleiß;
Und mit Mangel ist bedrücket
Durch der Kinder große Zahl —
Dieser Leser wird beglücket,
Wenn man lindert seine Qual.
  „Näh-Maschinen!" Armuth wehren
Freundlichst „Banners" wollt' begehren!! —

Sie sind von so vielen, allen
Billigst! praktisch und auch schön
Jedermann sie stets gefallen
Freunde! eilt sie zu beseh'n
Von so manchem Guten nennen:
„Bestes!"— das ist hehre Pflicht;

Prüfen stetig! und nicht wähnen
Lehret uns die Weltgeschicht'!
„Darum wenn Ihr Geld wollt' sparen
Kauft Euch stets die besten Waaren!"

Meiner guten Frau, gebornen Johanna Gößell „gewidmet".

„Lieber Leser, Freunde! nah und fern —
Meines lieben Weibes denk ich gern;
Holde Gattin — Du sei'st hier verehrt
Freunde hört es: „Meine Frau ist's werth!"—

Dem ehrbaren Unternehmen von Herrn E. Oster, ein gutes deutsches Theater in Pittsburg, Allegheny und Birmingham zu errichten „gewidmet."

Der Einheit Sehnsucht! Freude — welche Menschen
    bindet,
„Hoch deutsche Sprach!" Sei Losung auch im Mas-
    kenscherz.
Denn im lebend'gen Spiel, die Seel' erheitert — findet
    Für Lebenskampf die Stärk' und Linderung für
    Schmerz!—
Der Muse Jünger hebt ein höhres, bess'res Streben
    Zu wirken nun in j e n e r Halle deutscher Kunst!
Begeistert sind die w a h r e n Herzen all' — zu weben
    Was Republik gebeut — verscheuchen eitlen Dunst
Denn nur, wo Freiheit lieblich mit dem Spiel sich gattet
    Wo Sittlichkeit im strengsten Sinne Regel ist;
Wo steter Eifer für die Menschheit nie ermattet —
    Da weilet Freude—jeder wirket der genießt!
Und solcher Freiheitstätte Priester — ist der Mimen!

Der durch die Macht der Kunst bewegt der Menschen Herz.
Von seinem Spiel gerührt, der Besten, Thränen rinnen
In edlem Thaten Drang die Seel' — schwebt himmelwärts!
— Und jetzt in diesen großen, hochbewegten Zeiten
Wo jeder Mensch eilt in den Kampf für Menschenrecht,
Wo jede Bühne: „Wahre Volksschul' soll bedeuten!"
Die Sitten reinigend, der Menschheit Ideale trägt —
Wo diese Zaubermacht des Spiels erwecket Thaten,
Und stetig pflegt der deutschen Sprache mag'sche Kraft!
Da strebt geläutert, Jedermann auf Tugendpfaden
Zum wahren Menschenleben das stets Große schafft —
Dir deutschen Sprach'!!" — der besten Gab' vom Vaterlande
Sei diese Stätt' geweiht im heiligsten Gefühl —
Die Menschen all'! befreien bald vom Sklavenbande —
Das ehrend Ziel mög's sein von jeder Preß und Bühn!!
Der deutschen Geisteshelden würdig, laßt uns ringen
Harmonie!! sei das lebendige Ziel und Wort;
Durch schön belehrend Spiel die Herzen wir gewinnen
Und wahres Menschenleben — bringt's an jeden Ort!!! —

PEACE.

(The following translation of the German poem, written for the occasion, May 1st, 1871, by Mr. Karl Reuber, of the Harmonie Society, has been prepared and furnished by Mr. Slack Davis for publication in the *Pittsburgh Gazette*.)

To all hearts, with power and gladness,
    Comes a word of magic might;
Dries the tear, and heals the sadness,
    And with love doth all unite.
        "Peace! O Peace! with joy excelling,
        Make in every heart thy dwelling!"

Nations in mad wrath contended,
    Each arrayed in deadly strife:
Conqueror Death the strife hath ended, —
    Peace again returns to life.
        "Peace! O Peace! with joy excelling,
        Make in every heart thy dwelling!"

Thee, their crown of life confessing,
    All mankind thy praises tell:
Peace! the Christ's long-promised blessing,
    Truly come, and with us dwell!
        "Peace! O Peace! with joy excelling,
        Make in every heart thy dwelling!"

Brothers, let our souls rejoice!
    Heaven bestows this holy hour:
All unite with heart and voice,
    Gladly singing evermore —
        "Peace! O Peace! with joy excelling,
        Make in every heart thy dwelling!"

THE GERMAN WAR.

(Mr. Karl Reuber, member of the Harmonie Singing Society and author of a poem on Humboldt, wrote the following poem in German. It has been set to music by Mr. Knake, of the well-known music store, and translated into English by Mr. Slack Davis, and published in the *Pittsburgh Gazette*.)

Sounds of victory—wail of mothers,—
　Triumph's joys with mourning blend;
"German land, and German brothers,
　Greetings from full hearts we send!"
　　　　　　　　　　　　Hurrah!

Sing we then a joyous measure,
　Though our souls are filled with woe;
Listen! all who Freedom treasure,
　Hearts that with true courage glow!
　　　　　　　　　　　　Hurrah!

Dreadful Slaughter, Carnage dire,
　Cease forevermore your reign;
Freedom brighter, truer, higher,
　Sing we all in joyful strain.
　　　　　　　　　　　　Hurrah!

Culture bring, and human power,
　Where a single breast glows bright;
Peace! o'er all thy blessings shower,
　Turn our darkness into light!
　　　　　　　　　　　　Hurrah!

All in human friendship blending,
　Peace shall every nation bind.
Newer, happier life descending,
　All each coming day shall find.
　　　　　　　　　　　　Hurrah!

Then shall Joy, in spite of Sorrow,
　In each heart its dwelling make;
Peace shall bring a glorious morrow—
　Man shall from his dream awake!
　　　　　　　　　　　　Hurrah!

FREEDOM'S HOME.

(Translated from the German poem of Mr. Karl Reuber, by Mr. Slack Davis, and published April 15th, 1872, in the *Pittsburgh Chronicle*.)

Canst name a happy spot of earth,
  With hope of future glory bright,
Where Freedom dwells with Peace and Mirth,
  Where man respects his brother's right;
And freemen, joined by Friendship's sway,
  Work gladly for the common weal;
And where soft suns with genial ray
  The scars of Labor daily heal.
    In union sweet life glides away,
    And coming days new joys reveal.

The State—the City, free—canst name,
  So fair and youthful 'mid the throng,
Whose future shall be known to fame,
  Whose love inspires this tribute song;
Where by the fertile hills vine-drest,
  The sun-lit waters wind in glee;
Where blissful Peace is constant guest,
  And labor is nobility.
    On those glad hills doth Freedom rest,
    With Peace, her consort heavenly.

'Tis there, where Industry doth weave
  For manhood free the surest tie;
Where their sweet balm the zephyrs leave,
  And care and sadness come not nigh.
The boats, with starry banner crown'd,
  Glide freighted with the cities' wealth;
The steam horse snorts—'Francisco bound;
  All laughs with energy and health!
    'Tis there—'tis there is surely found
    The freeman's home and commonwealth!

O thou, whom Freedom's voice doth charm,
   Within these hills rich treasure lies ;
Come—bare thy strong and vigorous arm,
   Thine industry shall win the prize.
There iron—wood—all earth's fruits fair—
   And coal, the diamond of toil—
All these, and more, lie hidden there,
   In wealth untold, for labor's spoil.
     "Let all mankind breathe Freedom's air !"
     This—the proud watchword of the soil.

Yes ! there, where Song hath power to bind,
   And Music harmony doth bring,
No place can Hate and Envy find,
   For Labor crowns each man a king !
Ye whom Oppression's laws destroy,
   Come where Content awaits the free ;
Break from the tyrant's yoke !—enjoy
   The springtime of Humanity !
     Yes ! here await, in peaceful joy,
     Glad hills and vales beyond the sea.

O Parkersburg ! 'twas Nature gave
   These treasures and rich charms of thine ;
She gave thee noble men, and brave,
   And round thy home made Love to twine.
Thy people in strong bands unite,
   Ere yet the happy moment flies :
Call to thee heroes !—grow in might,
   Until to Rome's estate thou rise !
     Work, Citizens, for Freedom's right !
     Speed Manhood's cause—and Liberty's !

Then joyfully will freemen throng
   To West-Virginia, rich and great,
And Parkersburg—a bulwark strong
   To keep our laws inviolate ;

Protected by brave hearts and true,
  Ready for freedom, manhood,—death!
Ready the hero's part to do,
  In union breathing Freedom's breath.
    Come, where free Toil gives all their due:
    Here's bread for him that laboreth!

Oh! for the time when Labor's right,
  And Art, and Science, shall prevail;
When Tyrants' rule shall cease to blight,
  And all true hearts shall Freedom hail!
Oh! may this loved and favored ground
  The crowning work of Freedom see!
Up! Parkersburg! thy praise shall sound—
  "The fairest City of the Free!"
    Up! Freemen! gather gladly round,
    The future home of Liberty!

Correspondenz.

An die Redaktion der New Yorker „Abend-Zeitung".

Parkersburg, den 30. März, 1869.

Geehrte Herren!!

Es bereitet mir großes Vergnügen einiges Interessante über die Stadt Parkersburg, West-Virginien zu schreiben. Diese Stadt liegt am Ohio, an der Mündung des kleinen Kanawha und an den Endpunkten der Baltimore-Ohio- und Marietta-Eisenbahnen, welche bald durch eine im Bau begriffene Brücke über den Ohio vereinigt werden. Das Klima dieses höchst reizend und romantisch gelegenen Platzes ist gemäßigt und so gesund, als irgend ein Punkt im Ohiothale. Die höchste Temperatur war 94 Grad Fahr., die niedrigste, seit 25 Jahre erlebte, 6 Grad unter 0 Fahr. Lungen- und Leberkranke finden hier immer Erleichterung. Der Thalboden der beiden Flüsse, die sich hier vereinigen, gehört zu dem fruchtbarsten Theil des Continents und unter dem urbaren Hügellande ist wenig, das nicht zu allen diesem Klima angehörigen Produkten sich eignet und im ungünstigten Falle immer noch gute Weide liefert. Die Produkte der Gegend sind: Waizen, Roggen, Hafer, Welschkorn, Kartoffel, Rüben, chinesisches Zuckerrohr, Tabak, und Flachs. Alle Gartengemüsse und Obstgattungen der milden Zone gedeihen hier vortrefflich. Die in dieser Gegend angelegten Weinberge liefern den höchsten Ertrag.

Im Jahre 1850 zählte Parkersburg etwa 1500 Einwohner, 1860 über 4000 und heute zwischen 7—8000 Einwohner. Den bedeutenden Zuwachs der letzten

Jahre verdankt es der Entdeckung und Ausbeutung der in einer Entfernung von 25—35 Meilen gelegenen Petroleumquellen, deren werthvolle Produkte in mehreren Fabriken hier raffinirt und nach allen Richtungen verschickt werden. Der kleine Kanawha, der jetzt durch Schleusen und Dämme schiffbar gemacht werden soll, entspringt 135 Meilen südöstlich von hier und durchfließt ein an Holz, Kohlen, Eisen und Petroleum sehr reiches Thal. Für Viehzucht ist das ganze Becken unübertrefflich und die Ausbeute des prachtvollen Bauholzes muß binnen wenigen Jahren großartige Verhältnisse annehmen und den Reichthum dieser Stadt beträchtlich vermehren. Alle Absatzmärkte des Mississippithales sind von hier aus mit wenigen Kosten zugänglich; auch sind mehrere Dampfsägemühlen hier, welche das aus den verschiedenartigsten Sorten bestehende Holz zu Bau- und Möbelarbeiten herrichten. — Farmland in der unmittelbaren Nähe der Stadt kostet $50—300 per Acker, je nach der Lage. Im Innern, dem kleinen Kanawhafluß entlang, ist Buschland von $5—15 per Acker zu haben und bringt durch Verwerthung des Holzes meistens schon mehr, als der Ankaufspreis beträgt. Theilweise urbar gemachte Farmen, die meistens ziemlich hügelig, aber nicht felsig, sondern durchaus fruchtbar sind, werden mit $10—25 per Acker bezahlt. Da sowohl die Lage äußerst angenehm ist, und ein so malerisches Panorama darbietet, wie es am ganzen Ohio nicht übertroffen wird, und auch der Absatz der Geschäfte der Mühlen, Gerbereien, Oelraffinerien und Manufakturen sehr bedeutend ist, auch drei Nationalbanken mit 250,000 Dollars Gesammtkapital den Markt so beleben, verspricht Parkersburg als Fabrikstadt für die Zukunft eine wichtige Rolle zu spielen. Die Entfernung von Baltimore per Eisenbahn beträgt 382 Meilen, von Cincinnati 195 Meilen (per Wasser 277), von Wheeling 196 und von Pittsburg 295 Meilen.

Was hauptsächlich zu wünschen, ja nothwendig wäre, ist die Einwanderung von tüchtigen Landleuten, welche das schöne Land cultivieren, sodann von Geschäftsleuten, die in ihren Hoffnungen nicht getäuscht, für sich und ihre Familie eine glückliche Heimath finden. Hauptsächlich Deutschen, die durch lohnende Arbeit ihre alten Tage zu sichern wünschen, rufe ich hiermit zu: „Kommt, laßt uns vereint wirken, laßt uns hier der Freiheit ein Bollwerk errichten in diesem neuen Staate, der durch seine liberalen Gesinnungen sich schon vor anderen Staaten ausgezeichnet hat und in seiner Jugendkraft stets vorwärts schreitet!"—

Obwohl Parkersburg als Staats-Hauptstadt noch in Frage steht, so ist ihm dennoch als Fabrikstadt, eine bedeutende Größe vorbehalten.

Wohl selten bietet eine Gegend größere Vortheile als diese.

Karl Reuber.

(Chicago „Deutschen Arbeiter", 5ten Februar, 1870.)

Rede gehalten in der Schreiner-Corporation in Pittsburg, Pa., im Jahre 1869.

„Werthe Freunde und Partheigenossen!

Das Interesse, welches uns hier versammelt, ist jedenfalls ein wichtiges und der Aufopferung eines Jeden von uns würdig. Denn schon im Sinne des Fort schrittes und der Civilisation ist die Aufgabe, welche wir uns setzen, unsere und unseres Nebenmenschen Lage für die Gegenwart und Zukunft sicher zu stellen dem Monopol zu steuern und schließlich dem Capital stets die Wage zu halten, lobenswerth! Ja, es ist sogar eine Nothwendigkeit, in diesem Zeitalter der siegenden Vernunft sich seine Freiheit zu bewahren und nicht unter der Frage des Angebots und dem Knechtsinn so vieler Geschäftsgenossen gedrückt oder gar zerrieben zu werden, als eine Phalanx fest vereinigt, ungebührlichen Forderungen von Prinzipalen gegenüber zu stehen.

Laßt uns dieses immer mehr einsehen und mit Energie und vereintem Willen dahin streben, daß wir Geschäftsgenossen hier in Pittsburg und anderen löblichen Vereinen in Ausführung dieser Grundsätze als Muster dienen mögen!

In jetziger Zeit nun, wo alle Begriffe über Welt und Menschen besonders sich erweitern, sollten wir nicht auch die unserigen über unsern Standpunkt an der Hobelbank erheben, und, wenn auch nur momentan, im weitesten Sinne des Wortes, das Loos des Arbeiters betrachten und auf Mittel sinnen, dasselbe zu verbessern und so den Socialismus, welchen schon sein Gründer und größter Vertheidiger, Jesus, mit seinem Tode besiegelte, zur Wahrheit bringen zu helfen?

War nicht der 4jährige blutige Kampf der Union ebenfalls ein Kampf von Vertretern des Socialismuß und den Finsterlingen der Tyrannei. Und ist es vielleicht ein anderes Streben und Ringen, durch Vereinigung der Arbeiter gegen die Uebergriffe des Monopols und Capitals das Gleichgewicht der menschlichen Gesellschaft herzustellen? Oder der Grundsatz von Jesu Lehre: „Liebe deinen Nächsten wie dich selbst!" wie wird der heutzutage befolgt, und passen seine Lehren unbedingt in ein republikanisches Staatswesen, wo Jeder ein w a h r e r Bürger im Sinne der Freiheit sein sollte? Jesus sagte: „Gebt dem Kaiser, was demselben gebührt," oder: „Seid geduldig und erwartet das Himmelreich. Gebet Almosen rc." Es ist nun der Unterschied zwischen der Zeit, wo Jesus lebte, und der jetzigen, daß die Menschheit fast um 2000 Jahre älter ist, etwas mehr gelernt hat und aus den Kinderschuhen in den Stand des Mündigseins getreten ist. Jesus sah wohl ein, daß die damalige Menschheit zu schwach und daher stets mit dem Anker des Glaubens Grund fassen, anstatt der jetzigen, deren Aufgabe es ist, mittelst nunmehrigen Wissens die Wahrheit erkennen und festzuhalten suchen. Hätten unsere Vorfahren nicht so viel vom Himmel geträumt, und mehr der Wissenschaft und Hebung der Arbeiterklasse sich gewidmet, so stände es auf Erden besser mit der Aussicht auf einen irdischen Himmel, wo sogar der Geringste und Schwächste sich in seiner Lage glücklich fühlt. Wie aber Aberglauben und Despotismus zusammenhängen, so waren frühere finstere Zeiten bis heute solchem Zwange ausgesetzt. Wenn wir Jüngeren nun einen Vorzug vor solchen Zeiten haben und uns dessen rühmen, so müssen wir, durch Vieles belehrt und gebildet, nun mit Energie, durch Thatkraft und Vereinigung die Souveränität eines Jeden geltend machen und uns gegenseitig vor ungerechten Forderungen zu schützen suchen, da der Einzelne zu schwach ist und nicht mit Erfolg gegen solche kämpfen kann.

Verlangt der Arbeiter etwas geschenkt, etwa Almosen, welche Jesus zu geben predigte?

Nein, sage ich, und Ihr, meine werthen Freunde, werdet mir beipflichten, da wir stark sind und wir können durch festes Zusammenhalten, und weil wir ja der Zahl nach das Uebergewicht im Stimmengeben haben, Gesetze aufstellen, die, durch sog. Volkstribunen überwacht, uns unserem socialen Ziele rasch nähern. Indem man jetzt alle möglichen Versicherungs-Vereine bildet, ist das Gebot Jesu, das Almosengeben, in ein anderes Stadium getreten, und wenn jeglicher Mann, der z. B. Familienvater ist und sich nicht wenigstens in einer Kranken- und Feuerversicherungs-Comp. der Zukunft versichert, Bedauern verdiente, wenn ihm je ein Unglücksfall zustößt, was stets eintreffen kann, so wären wir noch nicht weiter gekommen, wie frühere Jahrhunderte, wo das Almosengeben zur guten Sitte gehörte und auf jeder Kanzel gepredigt wurde, wie es leider an vielen Orten jetzt noch geschieht.

Ja, das ist aber immer die Klage, daß die meisten Leute ihr Bestes nicht einsehen wollen und weniger, daß man solches nicht zu wissen bekommt. Lieber feig, wie es eine solche Klasse Arbeiter macht, die anstatt ihre Rechte mit den muthigeren Kameraden zu wahren, der Sklaverei in die Hände arbeiten. Und gibt es keine Abhülfe für dieses Uebel? Meiner Ansicht nach nur die eine: alle gleich- und besser Gesinnten müssen solche Leute, welche nicht das Interesse der Arbeiter vertheidigen, als Feinde der Freiheit betrachten und mit Verachtung strafen in jeder Hinsicht, denn dieses ist das beste Besserungsmittel für solche, oder gleichsam wie vor Feuer und Gift sich vor ihren schädlichen Einwirkungen zu bewahren. Aber diejenigen, welche auf dem Irrwege, jung, unerfahren, noch nicht die Einsicht haben, oder nicht die Gelegenheit, sich so, wie wir auszubilden, ihnen laßt uns zurufen und möge Jeder von uns Apostel sein, in dieser, unserer Sache zu wirken: „Kommt Brüder, reicht die Hand zum Bunde, laßt uns dem Namen der Tischler und Arbeiter überhaupt Ehre machen, und im Vereine mit allen Gleichgesinnten so dem großen Ziele der Menschheit näher wirken! Ja, Freunde, es ist ein schönes Ziel und kein anderes, als das, was die edelsten Menschen aller Zeiten erstrebt und meistens mit ihrem Blute besiegelten, um das Loos ihrer Mitmenschen von den Fesseln der Unwissenheit und Tyrannei zu befreien. Wir Deutschen nun, die wir bildlich gesagt das Salz im Sauerteige der Völker sind und die wir, die meisten wohl von uns, unsere Erziehung und Bildung dem Mutterlande schulden, laßt uns, als Jung-Deutschland, auch in unsrer neuen Heimath des Joches unsrer Brüder gedenken, um als Männer unsren Tribut der Freiheit durch Vereinigung gegen alle Gemeinheit und Corruption darzubringen und beweisen, daß wir die Vorkämpfer einer neuen Reformation in socialer Richtung sind.

Eine andere Hauptfrage ist, ob bei dem Reichthum der Ver. Staaten in Hinsicht ihrer Hilfsquellen, wenn jeglicher Bürger seine Kräfte, körperliche und geistige, zum allgemeinen Wohl verwendet, es nöthig ist, 10 Stunden angestrengt um geringen Lohn zu arbeiten? Ich sage: Nein. Wir erzeugen alle Artikel, welche zum Leben nöthig sind, und können daher, wenn erst die Arbeiter organisirt, ihre

Interessen besser wahren; wenn ferner der Westen mehr bebaut und eine jüngere Generation von Arbeitern das Streben der neuen Zeit mehr würdigt, durch Wohlstand gehoben, aufopferungsfähiger ist, und den Sinn für das Wahre und Schöne besser pflegt, anstatt stetig den des Erringens, dann ist es an der Zeit, durch w e i s e Gesetze den Einfuhrzoll zu erhöhen, damit die Arbeitgeber durch etwaige Concurrenz des Auslandes nicht gedrückt, und der Arbeiter, indem er mehr Zeit zu seiner Ausbildung gewinnt, ein desto verständigerer und brauchbarerer Bürger dieses Landes gibt. Gegenwärtig aber dieses Gesetz in Ausführung auf alle Geschäfte (Farmer natürlich mit einbegriffen) bringen zu wollen, würde scheitern, obwohl schon unsre weisen Gesetzgeber, wie bekannt, dasselbe in den Ver. St.-Werkstätten in Kraft brachten, woselbst seit einiger Zeit nur 8 Stunden per Tag gearbeitet wird. Scheitern müßte dieses Gesetz im Allgemeinen an der schwachen Organisation der Arbeiter sowohl, als auch an den vielen unreinen Elementen, welche fast ungebildet, den besser denkenden immer entgegen wirken. Ist es nun nicht nothwendig, in Fabriken, wo die Menschen zuletzt zu Skeletten herabsinken, eine kürzere Arbeitszeit einzuführen; hauptsächlich bei Frauen, da dieses, wie in England jetzt schon, mit der Zeit der ganzen menschlichen Gesellschaft von größtem Schaden ist! Man sagt gewöhnlich: Schuster, bleib' bei deinem Leisten! und könnte folgerichtig sagen: Schreiner, bleib' bei deinem Hobel! Doch schadet es gewiß nicht und ist sogar sehr nützlich, wenn wir Tischler den Hobel aufziehen und nebenbei auch Interessen wahren, welche die Constitution der Ver. Staaten enthalten, die sogenannten heiligen Menschenrechte, welche unsere neue Bibel sein sollten, um stets nach denselben zu handeln!—

Wie viele Arbeiter hört man nicht klagen, daß sie nach täglicher Arbeit Abends so müde sind, daß sie beinahe umsinken und daher nicht mehr aufgelegt sind, sich geistig vielseitiger auszubilden. Haben wir Arbeiter, als Kern der Nation, nun es nöthig für eine gewisse monopolisierende Klasse unserer Mitbürger uns aufzuopfern, welche indem sie Reichthümer zusammen wuchern von unserm Schweiße, denselben immer mehr Mittel und Kraft zur Verfügung zu stellen, um schließlich dadurch eine neue weiße und gelbe Sklaverei zu errichten, wie es in der früheren römischen Republik oder dem heutigen England der Fall ist, wo die größte Armuth und Elend existirt?—Sollten wir demnach die Sklaverei im Süden aufgehoben haben, um sie bei uns weißen Arbeitern indirekt desto infamer einzuführen?—

Ferner alles Stückarbeiten ruinirt die Arbeiter! und Warum? Weil, wenn der Arbeitgeber eine neue Arbeit hat, sie gewöhnlich für das erste mal dem schnellsten und besten Arbeiter gibt. Dieser verdient sodann einen Taglohn dabei. Wird nun die Arbeit zum zweiten Mal gemacht, muß ein geringerer Arbeiter schon kratzen, daß ihm das Wasser am Kopfe herunterläuft um seinen Taglohn zu verdienen, denn der Arbeitgeber sagt zu dem Arbeiter bei dem Preis machen, h i e r steht es in meinem Buche geschrieben und können es selbst lesen, was ich für einen Preis jeder Zeit bezahlt, und diejenigen, welche dieselbe gemacht, haben noch ein schönes Geld dabei verdient. Sie müssen halt ein wenig dazu thun und arbeiten. Wie wir nun von allen Plätzen und Werkstellen der vereinigten oder auch noch vermeinigten Tischler vernehmen, gehen die Geschäfte gegenwärtig gut und ich finde es daher lächerlich, wenn von Lohnabziehen die Rede sein soll.

Ernst bin ich dagegen gestimmt, den Lohn ein wenig zu erhöhen, wie unser verehrter Präsident in letzter Sitzung des Vereins richtig ebenfalls bemerkte, und theile vollkommen seine Ansicht in dieser Sache. Denn sollten wir blos von Hand zu Munde leben, um die Arbeitgeber reich zu machen? Wer gibt uns etwas in unseren alten Tagen, wenn wir nicht mehr arbeiten können und in jüngeren Jahren nichts haben sparen können? Oder wenn wir krank und siech werden sollten.

Sollten wir Tischler in einer Stadt wie Pittsburg, welche von anderen Fabrikstädten fast unabhängig dasteht, und wo die meisten Arbeiter sozusagen im Laufe der Zeit sich eine Heimath gegründet oder wenigstens wohlhabend sind, egoistisch das gemeinsame Ziel und Interesse nicht wahrnehmen und unterstützen? sich selbst vor den Kopf stoßen, indem man denkt: „Jeder ist sich selbst der Nächste!" Nein, unser Prinzip sei: „Ein Jeglicher für Alle und Alle für einen Jeden von uns!" Auf diese Weise können wir der Zukunft mit Vertrauen entgegensehen und man wird alsdann die Klage weniger hören, daß man so viele Arbeit für so wenig Geld liefern muß.

Laßt uns daher in diesem Sinne und Streben ein öfteres Zusammenkommen aller Mitglieder dahier ermöglichen, damit wir uns besser verständigen und kennen lernen, um so durch Wort und That zu beweisen suchen, daß die Tischler von Pittsburg von dem Geiste durchdrungen, der die neuere Zeit bewegt: „Dem Geiste der

Vereinigung des Edeln und Praktischen!" um alsdann ein Anhaltspunkt für Gleichgesinnte, bildlich ein Fels im Strome der Gemeinheit zu sein.

(Im Chicago „Deutschen Arbeiter", den 26ten Februar, 1870.)

Zur Temperenzfrage.

Ein Vorurtheil, welches gegen die deutschen Adoptivbürger an einigen Plätzen der Ver. Staaten hinsichtlich unserer bürgerlichen Freiheit herrscht, ist auf jeden Fall das allerseits verhaßte Sonntagsgesetz. Nicht allein, daß ein sehr verabscheuungswürdiges Spionirsystem dadurch eingeführt wird, welches sogar in die Familienkreise eindringt; daß ferner eine gewisse Klasse unserer Mitbürger uns bevormundet, unsere Sittlichkeit in einem falschen Lichte zeigt, auch der Knüppelherrschaft wird schließlich dadurch mehr Gewalt verliehen, als ihr in einem freien Lande zukommt, und wenn nicht durch Energie und muthige Aufopferung entgegengewirkt wird ist unsere bürgerliche Freiheit in Gefahr, mit der Zeit untergraben zu werden.

Betrachten wir vor allen Dingen die Ursachen dieses Zwanges, so ist ein Hauptpunkt die Wohlhabenheit und Intelligenz des deutschen Adoptivbürgers, welche Neid erregend in den Augen eines Theils unserer eingeborenen Mitbürger wirkt und daher für diese Annahme maßgebend ist. Denn wenn wir unsere fanatischen Gegner beobachten, so werden wir finden, daß sie fest vereinigt, alle ihnen nur zu Geboten stehenden Mittel anwenden, um möglichst den von ihnen titulirten "besotted dutch" noch mehr auf den Leib zu gehen. Ja, sie machen uns auf unsere größte Schwäche, unsere Uneinigkeit, aufmerksam und ergreifen auch ein praktisches Mittel, uns davon zu heilen.

Solche Leute nun, die verächtlich auf den Einwanderer herabsehen, die aber meistens durch den Nutzen und die Gewerbthätigkeit der europäischen Einwanderung wohlhabend und viele sogar reich geworden sind; gerade diese haben gewiß nicht Ursache, die A r b e i t e r, welche doch hauptsächlich unter obigem Gesetze leiden, und denen sie eher dankbar sein sollten, indirekt zu tyrannisiren und ihnen den Tag der Erholung auf jede nur mögliche Weise zu beschränken.

Wenn ihre Absicht vielleicht ist, das Volk in Dummheit und Aberglauben zu erhalten, indem sie dem Sinne und Willen der Väter dieser Republik und geradezu der Unabhängigkeits-Erklärung zuwider handeln, so irren sie sich, denn die Geschichte, die ernste Richterin der Vergangenheit muß zeugen, daß ihre Bestrebungen eitel und ohne den von ihnen erzielten Erfolg sind.

Höchst betrübend ist jedoch, daß so Manche, welche sich Deutsche nennen, oder auch solche, welche den deutschen Namen nicht einmal werth sind, sogar ihre S p r a ch e mißachten, diese köstlichste Gabe des Mutterlandes, auf die ein Jeder stolz sein kann, und Amerikaner sein wollen, denselben den Speichel lecken, jedoch, da sie diese Stahlnaturen nicht sein können, nur ein klägliches Zerrbild darstellen. Noch trauriger ist aber, daß Viele von dem Schweiße ihrer armen deutschen Landsleute reich gewordene K a f f e r n, unserer gerechten Sache ebenfalls entgegenwirken und so ein beklagenswerthes Bild des Charakters von Deutschen in Amerika geben.

Doch wenn man das wahre Deutschthum so zu hemmen sucht in seiner nationalen Gewohnheit, was wäre Amerika ohne die Deutschen, wenn der trockene, stets nach Dollars trachtende Yankee den Schönheitssinn und das Leben genießbar, beglückend entfalten sollte!— Gerade der deutschen Einwanderung verdankt Amerika einen großen Theil seines Wohlstandes und der Entwicklung seiner ungeheueren Hilfsquellen. Doch ist es leider aber wahr, was der Yankee gleichsam mit der Muttermilch schon einsaugt, den Patriotismus, die zähe Ausdauer und Opferfreudigkeit für große und gute Zwecke; in dieser Hinsicht sind wir Deutsche bedeutend zurück, indem wir uns meistens um Kleinigkeitskrämereien aufreiben, während für große, patriotische Zwecke nur zu oft die Einigkeit fehlt.

Als eine zweite Ursache des Zwanges hört man oft sagen, daß geistige Getränke den Menschen demoralisiren und der nationalen Freiheit schädlich sind.

Zu leugnen ist es nicht und in jeder Beziehung wahr, daß geistige Getränke, im Uebermaß genossen (hauptsächlich Liqueure, Brandy, Whisky), nicht allein den Menschen zum Vieh herabziehen, sondern auch, wenn man sie mäßig genießt, diese als hauptsächlich benannten Getränke, und den Genuß zur Gewohnheit werden läßt, von größtem Schaden sind, nicht allein für den Körper des Menschen, der dadurch erschlafft, sondern auch auf den Geist umnebelnd und mit der Zeit sogar vernichtend wirken!—Jedoch ist der Genuß derselben, in Hinsicht zur Verdauung mancher Speisen, oder auch vom Arzte verordnet, wie bekannt, der Gesundheit förderlich).

Die höchste und wichtigste Aufgabe zum Verhüten solcher Verderben bringenden Gewohnheiten ist aber für eine **Hausfrau**, ihren Ehegatten stets, durch kräftige, **wohlbereitete** Speisen zu pflegen, damit diese den nöthigen Wärmprozeß im Körper erzeugen und der Mann, vielleicht ein tüchtiger Bürger des Staates, sich nicht dem unausbleiblichen Verderben in die Arme wirft und so ein Leben, das er seiner Familie und dem Staate verpflichtet ist, in Trunksucht oder Säuferwahnsinn schließlich traurig zu Grunde geht. Denn werden nicht in vielen Familien die Fleischspeisen halb roh verzehrt, und ist es also nicht natürlich, wenn Magenübel entstehen, da derselbe für einen solchen Genuß nicht eingerichtet ist?—Ist alsdann das Uebel da, wird meistens der Hausarzt, die Whisky- oder Brandyflasche, herbeigeholt und ein herzhafter Schluck oder nach Belieben mehrere genommen ꝛc., um die Verdauung zu bewerkstelligen.

Wenn aber alle ehrbaren Frauen und Jungfrauen, welche in Versammlungen politisch agitiren um ihre Rechte, zur besseren Verständigung in dieser Hinsicht streiten, so wird mein Beifall, sowie der aller wahren Menschenfreunde gewiß nicht fehlen.

Man hört oftmals sagen: „Ich kann einen Schluck Brandy wohl vertragen, es ist mir gar komisch zu Muthe", bedenkt aber dabei nicht, daß gerade das Uebel durch schlechte Nahrung hervorgerufen, und in dieser Stimmung man alsdann weit weniger Lust zu Wein oder Bier hat, welche Getränke (selbstverständlich) rein) bei weitem Körper und Geist zuträglich sind. Daß aber leichter Wein und nicht zu stark gebrautes Bier, mäßig genossen, sogar rathsam ist, bedarf keiner weiteren Erklärung, indem die Erfahrung sowohl, als auch die Geschichte der Völker und die **Chemie**, diese Beherrscherin der Zukunft, Beweise liefern kann. Bei unsern größten Denkern z. B., war es nicht der Wein oder das Bier, welche, natürlich mäßig genossen, ihren Genius momentan beflügelte, um in jene Höhen zu steigen, wo wir und alle Nationen sie bewundernd verehren? —

Ja es ist weniger ein Fehler und Uebel, solche Getränke mäßig zu genießen, als daß jene, um das Wohl ihrer Mitbürger so besorgte Leute und die Obrigkeit darauf sieht, daß diese Getränke, welche so schwer vertaxt, auch rein dem Publikum überliefert und dieses nicht buchstäblich v e r g i f t e t wird.

Könnten die Gesetzgeber eine größere Wohlthat den Bürgern erweisen, als darauf zu sehen, daß dem Arbeiter und weniger bemittelten Manne ein gutes und billiges Getränk verabreicht wird, welches den Körper und Geist stärkt und erhebt, um unserer einst die Erde beherrschende Nation kräftige, für Freiheit begeisterte Bürger zu bilden? —

Wie es erwiesen und Thatsache ist, daß Essen und Trinken auf die Bildung und Civilisation der Völker Einfluß hat, so wird diese Frage ebenfalls von unseren Männern des Volkes noch besser gewürdigt werden! —

Zwischen den Extremen aber liegt die Wahrheit! — Daß rohe Ausgelassenheit und Trunkenheit überhaupt und am wenigsten am Tage der Erholung stattfinden darf, ist jedem sittlichen Menschen einleuchtend; daß man aber, um diesen Leidenschaften vorzubeugen, ein Gesetz in Kraft bringt, welches unsere bürgerliche Freiheit bedroht und uns Deutschen unsere volksthümlichen Vergnügungen raubt, das ist höchst ungerecht und fanatisch. Kann man nicht ebenso gut vorkommende Fälle von Unmäßigkeit an beiden Theilen, dem Thäter und dem Urheber, hauptsächlich diesem, exemplarisch bestrafen?—Oder für alle Fälle: Niemand ein Recht verleihen, geistige Getränke auszuschenken, der nicht den Ruf eines Ehrenmannes besitzt, und nicht dasselbe solchen Schurken verleihen, die, um noch einige Cents zu pressen, den sich nicht selbst Beherrschenden und zur Trunksucht Geneigten noch dazu reizen und verführen. Wäre es vielleicht nicht praktisch und besser, allen jüngeren, noch nicht mündigen Leuten gegenüber den Wirth beim Ausschenken von geistigen Getränken dafür verantwortlich zu machen? —

Oder in jetziger Zeit, wo alle Gewerke und Unternehmungen meistens durch praktische Vereinigung nicht allein einen höheren Grad von Vollkommenheit erreichen, sondern auch dem Publikum mehr Garantie in jeder Hinsicht bieten können, sollte man nicht darauf bedacht sein, auch in dieser Sache geeignete Schritte und Maßregeln zu treffen? — Ist es im Allgemeinen Interesse nicht sogar nothwendig, daß sogenannte Wohlthäter der Menschheit sich in diesem Sinne vereinigen und öffentliche Lokale in's Leben rufen, wo sowohl dem körperlichen als geistigen Menschen Rechenschaft getragen wird durch gute Getränke und Speisen, sowie Musik, Gesang und gute Theater-Vorstellungen, als w a h r e V o l k s b i l d u n g s s c h u l e, anderen Lokalen ein stetes Muster zu sein? —

Gewiß und in jeder Hinsicht werden solche Volksmänner von allen verständigen Bürgern dieses Landes von so großer Zukunft nicht allein unterstützt, sondern auch sich den Dank aller Arbeiter insbesondere verdienen.

Ja, den Dank aller Arbeiter, sage ich, indem so viele derselben, welche gegenwärtig blos sinnlichen Genüssen leben, dadurch vielseitig geistig angeregt, nunmehr anderen Neigungen und Gesinnungen dienen werden, wodurch das Glück der Familien gehoben, bessere Bürger erzogen und die Gemeinheit mehr und mehr verdrängt wird. Auch wird alsdann in einem solchen respektabeln, öffentlichen Lokale in jeder Hinsicht der Aufrechthaltung der Ordnung mehr Aufmerksamkeit gewidmet, als in so vielen gemeinen Kneipen, wo die Wirthe aus dem benebelten Zustande ihrer Opfer den höchst möglichsten Vortheil zu ziehen geneigt sind.

Um aber noch strenger zu sein, kann man ja die Ordnung einführen, wie sie in England und Deutschland existirt; wo während der bestimmten Kirchenzeit Morgens und Nachmittags alle öffentlichen Lokale geschlossen werden und nach dieser Zeit gewöhnlich Volk und Priester sich zu einem Glas Wein oder Bier in Gesellschaft begibt.

Schauen wir nach Europa, wo Tyrannen herrschen, oder der kleinen nahe tausend Jahre als Muster von Sittlichkeit dastehenden Schweizerrepublik, ob daselbst nur ein einziges Mal solche Gesetze für nöthig erachtet?— In Deutschland wird von der Obrigkeit vor allen Dingen im Staate auf eine gute und strenge Erziehung der Jugend gesehen. Dieselbe hat aber noch nicht, bei aller Gewaltherrschaft es für nöthig gefunden, den Sonntag als Tag der Erholung von wöchentlicher Arbeit und Anstrengung dem Volke zu entreißen und fanatische Gesetze zu errichten, wie es in dem republikanischen Staatsleben dahier der Fall ist.

Um aber energischer einem Uebel zu steuern, dessen man hauptsächlich und unrechter Weise uns anklagt, müssen wir es bei der Wurzel fassen, um es auszurotten. — Das beste und praktischte Mittel wäre aber eine g u t e und s t r e n g e E r z i e h u n g der Jugend, wo wir als Beispiel Griechenland, dessen alte republikanische Staatsgesetze uns gegenwärtig noch als Muster in diesem Falle dienen können. War nicht gerade die Vernachlässigung der Erziehung und Verweichlichung der Jugend die Ursache des Falles dieser Staaten, und können wir, getreu der Wahrheit uns das Zeugniß geben, daß dieser Pflicht, der Erziehung in Sittlichkeit, so recht hier gefolgt wird? — Haben wir aber gut erzogene Kinder, so werden wir auch tüchtige und sittliche Bürger erziehen, denn wenn man das Bäumchen in der Jugend nicht zieht, erwachsen als Baum ist es zu spät! —

Aber auch die Erfahrung zeiget klar, wie z. B. in New-York und anderen Plätzen, daß das Uebel durch solchen Zwang nicht beseitgit, sondern im Geheimen desto stärker und demoralisirender existirte. Denn können uns diese Sittenverbesserer auch nur einige Fälle aufweisen, wo diese Maßregeln wirkliche Abhülfe des Uebels gebracht und demnach ihren Zweck erreichten, und wird nicht gerade hierdurch die Leidenschaft jedes Recht und Freiheit liebenden Mannes wachgerufen? —

Wenn aber dennoch, trotz aller einleuchtender Rechtsbegriffe keine Abhilfe in dieser Sache erfolgt, so müssen wir praktisch dieselben Waffen, welche unsere Widersacher gegen uns gebrauchen und wo möglich noch bessere gegen sie selbst wenden, um diesem Unbill abzuhelfen; denn gegen Gift hilft nur Gegengift!

In den Stunden der Gefahr des Vaterlandes, da waren wir Deutschen in erster Reihe und tränkten mit unserem Blute ebenfalls reichlich den Boden der Freiheit; und nun im Frieden wollen wir kühn die Kämpfer einer socialen Reform sein und es werden! Denn die neue Zeit verlangt, daß politisch reife Bürger vor allen Dingen sittlich rein, frei von Aberglauben und Sklavensinn, jenen heroischen Muth auch besitzen, Alles dagegen strebende energisch und ausdauernd zu bekämpfen.

Laßt uns ihnen beweisen, daß wir die Nachkommen jener alten Deutschen sind, welche der römischen Weltherrschaft ein Ende bereitet. Laßt uns ihnen zeigen, daß wir sie in sittlicher, sowie religiöser Hinsicht übertroffen und ferner, daß wir fest vereint allen ihren heimtückischen Bestrebungen kräftig entgegenwirken. Hauptsächlich laßt uns aber nur solchen Männern unsere Stimmen geben, welche energisch für unsere Sache in der Gesetzgebung wirken, um schließlich dadurch zu unserem Ziele zu gelangen.

Der Schreiner-Corporation und dem Allgemeinen Deutschen Arbeiter-Verein von Pittsburg und Umgegend „gewidmet."

Motto: „Laßt uns klar denken—pflichtge-
„mäß wirken, so wird uns und unseren
„Nachkommen, eine heitere, menschenwürdige
„Zukunft!!"—

„Wahre Männer! vielgeprüft im hohen Streben
Um der Einheit, Wahrheit, freiem schönen Leben
„„Euch! weih' ich dankbar hier mein **ganzes volles Herz!**""
Laßt schön vereint uns rüstiger wirken—weben,
Wie's Helden ziemt—den Tod verachtend und den Schmerz—
Als hehre Pflicht: „**Den wahren Frieden!**" hier erstreb'n —
Nur so, entsteht das **edle, bessere Leben!!**"

Und wer da ist, der „Freiheit Freund!"
Der komm' und sei mit uns vereint.—
  Er achte unser **aller Streben**
  Für Republik—**den Arbeitsmann!**
  Denn nie kann Freiheit da sich heben,
  Wo man nicht tilget **eitlen Wahn!**
  Wo Phrasen, Lug und Trug sich mehren,
  Und stets der Götze Mammon wohnt—
  Da kann man Freiheit wohl begehren
  Doch Antwort ist — nur **schnöder Hohn!!**
Arbeiter! d'rum aufgewacht
Rasch vereint! dies ist die Macht!
Denkt und wirkt!—dies ist mein Rath
Groß Geschwätz—ist keine That!—

Inhalts-Verzeichniss.

	Seite.
Vorwort.	3
Zur Präsidentenwahl 1868.	5
Zu Alexander von Humboldt's hundertjährigem Geburtstage.	7
Der Zukunft Hoffen.	9
Zum neuen Jahr 1870.	11
Turnerruf.	14
Ruf zur Arbeiter-Bewegung.	15
Zum Todtenfest 1871.	16
Gruß zum Arbeiterfeste.	18
Zum Kampf der Deutschen.	20
Friede.	21
Unserm vielgeliebten Freunde Pippus.	22
Dem Gesangverein Harmonie.	22
Zur Friedensfeier.	23
Zur Einheit.	24
Die Neue Zeit.	25
Dem Bier der Stehle'schen Brauerei „gewidmet".	28
Der Freiheit Zukunft Stätte.	30
Pittsburg und Umgegend.	33
Völkerwanderungs-Lied zur Freiheit Heimath.	36
Unserer innigstgeliebten Mutter von ihren trauernden Kindern in Amerika.	38
Dem Volksstaat.	39
Holzarbeiter-Lied.	41
Musik und Gesang.	42
Catawba Wein-Lied.	43
Arbeiter Bundes-Lied.	45
Den Helden der Arbeit in New York „gewidmet".	46
Den Banner'schen Näh-Maschinen.	48
Meiner guten Frau, geborene Johanna Gözell „gewidmet".	49
Dem ehrbaren Unternehmen von Herrn E. Osten, ein gutes deutsches Theater in Pittsburg, Allegheny und Birmingham zu errichten „gewidmet".	49
Peace.	51
The German War.	52
Freedom's Home.	53
An die Redaktion der New Yorker „Abend-Zeitung", (Correspondenz).	56
Rede gehalten in der Schreiner-Corporation zu Pittsburg.	58
Zur Temperenz-Frage.	66
Der Schreiner-Coporation und dem Allgemeinen Deutschen Arbeiter-Verein von Pittsburg und Umgegend „gewidmet".	75